O DINOSSAURO DE PLÁSTICO

O DINOSSAURO DE PLÁSTICO

Gustavo Vilela

Cobogó

COLEÇÃO DRAMATURGIA

Sumário

Criação mesozoica

Sempre tive muita afinidade com os textos do Gustavo. Nos conhecemos no Porta dos Fundos e, nas reuniões de esquetes, gostava muito de ler tudo o que vinha dele. Como ator, sinto que a dramaturgia dele é um convite à profundidade. De forma singela e muito honesta, os textos do Gustavo carregam muita emoção, além de um humor muito sofisticado.

Muito rapidamente, me identifiquei com essa busca dele de produzir comédia a partir dos sentimentos. O humor é um meio pra falar da vida, não um fim. Quando decidi que queria fazer um monólogo, foi o primeiro nome que me veio — depois de Shakespeare, que não podia, por razões particulares que não me cabem abrir. Começaríamos, então, Gustavo e eu. Mas faltava alguém pra dirigir esse desejo. E veio, então, Barbara Duvivier, com quem já tinha trabalhado em outras peças. Nessas outras experiências, fiquei apaixonado pela direção dela. É um teatro pensado o tempo todo a partir da generosidade com o público. A ideia de que atingir o simples é a melhor forma de se conectar e criar um novo universo, em que todos da plateia são agentes do jogo cênico.

Portanto, para montar nosso dinossauro de plástico, algumas peças já estavam na mesa: humor, simplicidade, emoção e uma boa história. Nossa maior pretensão era a despretensão. Nosso objetivo construindo esse espetáculo nunca foi edificar a existência de ninguém, nem trazer qualquer aspecto moralista que acabasse incorrendo em algum tipo de maniqueísmo entre o certo e o errado. Queríamos uma peça banal, sobre o dia a dia e as neuroses que nos condenam e nos fazem rir todos os dias.

Esta peça, para mim, é um gesto de amor à irrelevância. É uma libertação da busca por fazer História. Por isso, esse espetáculo gera tanta identificação. No fundo, todo mundo só quer ser feliz e amado. Como o personagem desta história. E quando você descobre isso, percebe que esse tal dinossauro de plástico não existe em lugar nenhum.

Boa leitura!

Rafael Saraiva
Ator

Paleontologia de uma peça

Quando fui convidada para dirigir este espetáculo, o texto ainda não havia sido escrito, mas entre Rafael Saraiva, Gustavo Vilela e eu existia uma inquietação compartilhada. Sabíamos que havia muito a ser dito: sobre identidade, fracasso, memória, pertencimento. Mas também sabíamos que não queríamos fazer uma peça panfletária. A vontade era outra: falar dessas questões por dentro da ficção, criando um personagem que pudesse carregar todas essas camadas, contradições e silêncios — sem precisar discursar sobre elas diretamente.

Em tempos em que o teatro muitas vezes se volta para narrativas pessoais e autobiográficas — e não há nada de errado com isso —, há algo profundamente libertador e quase terapêutico em montar uma história que nos permite esquecer da nossa própria vida por um instante e redescobrir o poder ficcional do palco.

O texto de Gustavo Vilela nos convida a mergulhar na vida de um outro, com todas as suas contradições, angústias e afetos mal resolvidos. Dani (ou Marcelo?) é alguém que se debate entre múltiplas camadas de identidade, expectativa e pertencimento. Ele encarna a crise deste eu que "é um outro", numa aflição tão característica da juventude desde os tempos de Arthur Rimbaud, mas que com a Geração Z, que aprende desde cedo a performar múltiplas versões de si sem saber qual delas é real, parece atingir seu auge.

O personagem criado por Gustavo Vilela vive entre rótulos e dissoluções, entre nomes herdados e apelidos conquistados, entre o "ser visto" e o "desaparecer". É um corpo sensível demais para a lógica performática do mundo adulto. Sua hesitação na porta do bar é mais que um simples medo social: é um apelo contra a obrigação de performar uma versão definitiva de si mesmo. É o gesto de quem resiste ao encaixe, de quem ainda busca um lugar possível entre a expectativa dos outros e a dúvida que vem de dentro. Um convite à pausa em um tempo que exige respostas rápidas demais para perguntas que ninguém teve coragem de formular direito. Diante daquele bar, ele para, se observa, e, assim, nos obriga a fazer o mesmo.

Dirigir esta peça foi, pra mim, uma chance de contribuir para um texto que honra o que o teatro é capaz de fazer melhor do que qualquer outra arte: criar mundos alheios o suficiente pra que possamos nos perder neles, e, quem sabe, voltar um pouco mais inteiros. Talvez o teatro seja justamente isso: o espaço onde podemos, por fim, voltar às nossas peças espalhadas e montar o nosso próprio dinossauro de plástico.

Barbara Duvivier
Diretora

O DINOSSAURO DE PLÁSTICO

de Gustavo Vilela

O dinossauro de plástico estreou dia 6 de junho de 2025, na Casa de Cultura Laura Alvim – Sala Rogério Cardoso, Ipanema, Rio de Janeiro.

Elenco
Rafael Saraiva

Texto
Gustavo Vilela

Direção
Barbara Duvivier

Assistência de direção
Maria Santos

Música
Ilan Becker

Identidade visual
Brunella Provvidente

Cenário e figurino
Elisa Faulhaber & Brunella Provvidente

Produção
Sofia Jasmin

Assessoria de imprensa
Leila Meirelles

Iluminação
Gabriel Prieto

Operação de luz
Clarice Sauma

No cenário, ao fundo, há uma fachada cênica representando a entrada de um bar. Ela é vazada, não há nenhum detalhe sobre seu interior. Apenas uma representação do que seria um bar cool de uma grande cidade.

Dani surge no ambiente. Ele olha para o bar, dá um passo em direção ao local e para, hesita. Dani tira seu celular do bolso e olha as horas. Ele não está confortável. Se volta para a plateia, dando as costas para o bar.

Quando eu era pequeno, eu lembro que aprendi na escola a ver as horas no relógio de ponteiro. Ponteiro pequeno no 5 mais ponteiro grande no 9, era 5:45. Mas aí eu ouvia os adultos falando "são 15 pras 6". Eu perguntava pros adultos que hora era essa no ponteiro. Eu achava que isso era uma hora que não existia no relógio. Eu não entendia que "15 pras 6" era só outra forma de dizer "5:45". 5:45 é o tempo que passou da hora 5. Mas, às vezes, os adultos estavam mais preocupados com o tempo que faltava pra hora 6. Nenhuma criança diz: "são 15 pras 6". Pode reparar. Então eu vi que existem duas maneiras de olhar o tempo presente. E quanto mais velho a gente fica, a gente vai deixando de ser "5:45" pra virar "15 pras 6". Eu ainda vario. Eu meio que revezo. E isso é uma das coisas não importantes mais importantes sobre mim.

Dani se vira novamente para o bar. Consulta novamente as horas em seu celular. Volta a colocá-lo em seu bolso. Se vira novamente para a plateia.

Ah, o meu nome é Marcelo. Só que desde muito novo eu me sinto Daniel. Mas quando eu percebi isso em mim, eu já era Marcelo e não dava pra mudar oficialmente. Eu pedi pra todo mundo da família me chamar de Daniel e, obviamente, eles não aceitaram e além de tudo ficaram tão irritados com isso que nunca nem me botaram um apelido carinhoso, tipo "Marcelinho". Pra família, sou Marcelo e só. Como forma de penitência. Mas um dia na escola, terceira série, eu assinei como "Daniel" uma prova. Quando a professora falou na frente de todo mundo: "Marcelo, você conseguiu errar seu próprio nome na prova", essa foi a primeira vitória na minha vida. E ela veio como uma derrota. Os outros alunos, pra me fazer bullying, passaram a me chamar de Dani. Eu nunca fiquei tão feliz. Mas pra um apelido pegar, você precisa fingir que não gostou dele. Então, depois de tanto esforço pedindo pra minha família me chamar de Daniel, eu passei a implorar pros meus amigos não me chamarem de Dani. E aí eu virei o Dani. Então, hoje, eu sou Dani pra todo mundo, menos pra família.

Ali, naquele bar, estão acontecendo dois eventos que, em comum, só tem eu. É uma baita coincidência. Ali dentro está acontecendo o aniversário do meu tio Ricardo, irmão da minha mãe. E também está acontecendo o aniversário da Júlia, uma das minhas melhores amigas desde os tempos da escola. Então ali, naquele bar, existe um grupo de pessoas esperando o Marcelo e existe também um grupo de pessoas esperando o Dani. E vocês nem imaginam, mas são duas maneiras muito diferentes de estar em um mesmo lugar. Eu chamo essa situação de Desconforto Quântico.

Na física quântica, existe uma teoria chamada "Efeito do Observador" que diz que o simples fato de estar sendo observada pode mudar o estado de uma partícula. Eu tenho cerca de 7 octilhões de átomos. São 27 zeros depois do 7. Isso dá muita partícula, e o fato de todas elas estarem sendo observadas ao mesmo tempo por abordagens muito diferentes me deixa muito tenso. Eu já imaginei muitas vezes as partículas do meu corpo um dia entrando em desacordo sobre serem o meu corpo e, do nada, eu simplesmente me desmaterializo. O Desconforto Quântico é a definição que eu criei sobre o medo e, ao mesmo tempo, o desejo de se desmaterializar devido à incapacidade atômica de fazer suas partículas cumprirem tudo o que esses distintos observadores esperam de cada uma delas ao mesmo tempo.

Eu sinto que, seja como Marcelo, seja como Dani, eu frustrei as expectativas das pessoas que estão ali dentro. Eu já fico tenso imaginando um combo de olhares indo na minha direção igual uma multidão entrando no aniversário dos Supermercados Guanabara levando embora tudo que tem dentro de mim. No caminho eu vim aqui pensando se ia ser melhor entrar mais Marcelo ou então mais Dani. Só que eu nem sei se eu vou entrar, na verdade. Mas se eu não entrar, eu fico também pensando: será que alguém percebeu que eu não fui? Pra saber o valor da sua presença, nada melhor do que a sua ausência. Mas estando ausente de um lugar, você nunca vai poder sentir como esse lugar lida com a sua ausência. E muitas vezes não ir a um evento é a maior prova de que você se importa com este evento. Porque é possível ser uma presença ausente. Você nunca conta quantos dentes uma pessoa tem. Mas se ela sorrir e estiver faltando um, você repara na hora. Você não diz: essa pessoa só tem 31 dentes. Você diz: essa pessoa tá sem um dente.

O evento que eu, na condição de Marcelo, fui chamado ali é a despedida do meu primo Lauro, que está indo morar nos Estados Unidos por causa do trabalho. Vai estar muita gente da minha família. O Lauro tem a minha idade. Eu acho que os primos foram feitos pros irmãos seguirem competindo depois de adultos. Minha mãe e o pai do Lauro, meu tio Ricardo, passaram a vida inteira comparando a gente, fingindo que não estavam competindo. Só que, pelas regras do campeonato que eles pareciam estar jogando, eu meio que perdi. E eu nem ligo. Mas acho que minha mãe liga. Acho que a família toda liga. Inclusive, hoje em dia, já não tem tanta competição. Até minha mãe parece que já foi pro time do Lauro e hoje fica meio, não envergonhada, mas também não orgulhosa de mim. Tem uma linha tênue entre "admiro meu filho" e "admiro o que acho que meu filho ainda pode fazer". O Lauro tem 25 anos e já se deu bem na vida profissional. Já eu... eu me dei médio.

O Lauro trabalha numa empresa multinacional de petróleo. Ele tem umas camisas sociais com as iniciais dele, que é o jeito que o pessoal dessa área mostra que tá ganhando bastante dinheiro. Já eu, trabalho em uma empresa que vende umas peças de borracha pequenas que servem como vedação pra peças automotivas. Ou seja: eu trabalho fazendo umas peças que são usadas em peças de carro. A peça da peça. Mas, pelo menos, eu posso explicar o que eu faço. O Lauro chega e fala: "Trabalho com *material and supply* e todo mundo já olha como se ele tivesse falado "sou astronauta e Médico Sem Fronteiras". Só que ele é só um chefe de almoxarifado que ganha em dólar enquanto os chefes dele bombardeiam algum lugar pra ter mais petróleo e achar mais Lauros pra trabalharem pra eles. Eu prefiro a borracha de vedação automotiva que eu produzo na minha empresa. "Produzo" também é um termo forte, porque a gente não produz nada lá. A gente compra da China e revende pras empresas aqui no Brasil. Mas é um trabalho, ué. Essas peças da China precisam chegar aqui e eu sou parte disso. [*uma pausa*] Quando todos os carros forem elétricos, eles não vão mais precisar do petróleo da empresa do Lauro, mas vão continuar precisando das peças de borracha pra vedação. E aí talvez o Lauro tenha que vir pedir emprego pra mim. Muito doido porque foi ele quem me indicou pra esse meu emprego.

Eu acho que já vi o Lauro ali, mas acho que ele não me viu. Minha mãe já deve estar ali também. Quando eu estou nesses eventos que têm muita gente da família e alguém pergunta pra minha mãe o que eu faço, ela sempre responde com a frase que mostra o quanto ela admira meu trabalho. Ela diz: "NO MOMENTO, ele tá trabalhando em uma empresa que faz coisas pra fábrica de carro".

A minha mãe me "gerundia". Ela usa o "trabalhando" porque o gerúndio dá um ar de presente, mas também algo não definidor. É muito difícil você desapontar sua mãe desse jeito meio médio, sabe? Eu sinto que eu sou tipo aquela roupa que você compra no site e, quando recebe, não era exatamente o que você estava esperando. Você até veste e tal, mas não era o que você estava esperando. Eu acho que sou uma blusinha estranha da

Shopee pra minha mãe. E é por isso que eu, enquanto Marcelo, fico pensando em não entrar nesse bar pra não causar esse desconforto pra mim que é pensar que eu vou ter que contar pra todos os meus parentes que tá "tudo igual" na minha vida. Eu sigo gerúndio. E aí eles tentam fazer uma expressão facial meio que "que legal", mas vem só muita condescendência nos olhares. E aí, ao invés de ficar com raiva, eu fico mal por eles, por causar esse desconforto de ver um bando de gente da sua família ter que achar uma expressão facial que pareça simpática quando, na verdade, eles não têm nenhuma empolgação com o estado da minha vida. E tipo hoje, no evento do Lauro, eu já imagino as pessoas pensando: nossa, eles têm tanto em comum no DNA, mas por que saíram tão diferentes? As pessoas adoram perguntar: "O que você faz?". Mas ninguém nunca pergunta: "Do que você gosta?" [*uma breve pausa*] Não ia mudar muito pra mim, porque eu não sei exatamente do que eu gosto.

Há um ano, mais ou menos, eu disse que estava começando um negócio próprio e que em breve ia ter novidades. Todo mundo pensou: "Finalmente, agora vai". E aí eu recebia um olhar com uma verdadeira esperança e me sentia bem. Só que, logo, começaram as perguntas sobre esse meu novo projeto e aí, tendo em vista minha vocação pra gerúndio, eu tive que começar a dizer: "Tá rolando aos poucos". E agora ninguém mais pergunta porque... enfim. Eu não estou começando nada. Era mentira. Eu só queria ganhar tempo, e ganhei. Mas não fiz nada com ele.

Mas eu já comecei coisas. Eu não sou muito bom de ir até o final com elas. Quando eu era criança, eu comecei a comprar na banca uma dessas revistas que vinham com partes de esqueletos de dinossauro pra montar a cada edição. Cada mês era uma revista nova, com uma parte do dinossauro. Eu amava essa revista e não via a hora de terminar o dinossauro todo. Seriam 10 fascículos pra terminar tudo. Só que eu perdi a empolgação no quarto fascículo. Então, fiquei com 40% de dinossauro. Eu até hoje lembro do efeito desse dinossauro na minha estante. Minha vida tem sido meio que isso, esse Dinossauro de Plástico.

O meu pai morreu. Duas vezes. Uma à prestação e outra à vista. À prestação foi quando ele e minha mãe se separaram, eu tinha 6 anos. Ele logo depois foi morar em Criciúma, Santa Catarina, porque recebeu uma proposta de trabalho no Grupo Angeloni, a segunda maior rede de supermercados da região. Eu passei anos achando que meu pai era jogador de futebol do Criciúma, porque eu só ouvia esse nome na época que eu colecionava as figurinhas do Campeonato Brasileiro. Aí eu sempre achava que uma hora ia abrir um pacotinho e ia sair meu pai, com a camisa do Criciúma. Depois que eu descobri que Criciúma era um lugar, e que ele era uma espécie de gerente de logística de uma rede de supermercados, ao invés de um lateral direito. Então, nessa época, ele começou a morrer aos pouquinhos. A gente foi se vendo cada vez menos, se falando cada vez menos e, quanto mais a tecnologia foi avançando pra facilitar nossa comunicação, foi ficando mais claro a nossa vontade mútua de não se falar, mas sem saber como falar isso pro outro. E não era por raiva ou algo assim. A gente só não tinha nada em comum. E eu ficava meio tenso no meu aniversário porque pensava: "Coitado do meu pai, ele vai ter que me ligar hoje, sem querer, e encontrar assunto pra falar comigo." Imaginar que ele tava passando por isso me deixava muito tenso e com vontade de ajudar ele a evitar esse constrangimento, mas eu não podia deixar de atender. Mas aí eu simulava que tinha um compromisso em poucos minutos pra ser rápido e o meu presente era ver ele muito, muito relaxado quando eu falava a frase: "Então tá, pai..." que era a senha de que a gente ia desligar logo. Esse relaxamento via Embratel que vinha dele era o abraço de pai e filho que eu tinha e gostava. Só que, um dia, há quatro anos, ele morreu à vista. Um infarto fulminante. E aí teve um enterro aqui no Rio, porque a família dele, que eu também não tive quase nenhum contato na vida, quis fazer o enterro na cidade que ele nasceu. Enfim, talvez o departamento de logística do Grupo Angeloni tenha ajudado a trazer esse corpo bem e rápido.

O enterro do meu pai foi uma coisa muito estranha porque era pra ser só o enterro dele e acabou sendo uma espécie de enterro meu também. Mas vamos começar pelo enterro dele: primeiro, a minha avó que nunca exerceu o cargo, veio dizer pra mim depois de 20 anos sem me ver: "Nossa, como você cresceu." Eu pensei: "Nossa, como você diminuiu."

Mas eu não disse nada porque ela já começou a advogar em favor do finado. [*Dani muda o tom fazendo sua avó, não de maneira caricata. Ele intercala as frases da avó falando em seu tom normal coisas como "não importa", "ok, já deu"*] "O seu pai tinha esse jeito dele, meio sumido, mas ele te amava. Sempre falava de você quando ligava pra mim, mas ele precisou ficar longe, né? Um dia você vai entender o seu pai. Agora, imagina a minha dor de ter que enterrar um filho, você não imagina o que é isso e —" [*volta a falar normalmente*] E aí ela começou a prestar uma homenagem a ela mesma. E eu parei de prestar atenção e comecei a imaginar que meu pai poderia estar ali constrangido, apesar de morto, com a minha presença porque no dia em que todo mundo só fala coisas boas sobre você — e daí a vantagem de morrer — a minha presença era uma prova viva que o morto não tinha exercido tão bem suas funções. Eu me aproximei do caixão e muita gente deve ter achado que eu estava rezando, mas eu só estava pensando: "Tudo bem, pai, você não precisa ter me amado. Seria até estranho porque você nem me conheceu direito. Aliás, tem pouca gente no seu enterro, o que mostra que você nunca conheceu muita gente mesmo." Logo depois fecharam o caixão. Foi nessa hora que eu pensei que nunca mais ia receber aquela ligação de aniversário.

A família do meu pai tem um mausoléu nesse cemitério e aí, quando os coveiros estavam preparando pra botar o caixão dele lá, tiveram que tirar as caixas fúnebres de outras pessoas da família que estavam ali. Tudo estava silencioso, as pessoas vendo os coveiros abrindo espaço no mausoléu — o que dá muito mais trabalho do que eu imaginava. Parecia um Tetris fúnebre. O engraçado era que um dos coveiros estava com fones de ouvido e o som estava vazando. Dava pra ouvir uma música da Cláudia Leitte tocando. [*cantarola*] "Eu quero mais, é beijar na boca, eu quero mais é beijar na boca e ser feliz daqui pra frente, sempre." Cara, um coveiro ouvindo Cláudia Leitte enquanto enterra alguém. Muito estranho isso. Mas aí, do nada, os caras tiram uma urna escrito Marcelo Vilar Sales. Esse é meu nome! Eu fiquei olhando pra aquela caixa e depois botaram ela de volta na tumba lá do mausoléu. Eu fui perguntar pra minha avó, que não exerce a função, sobre quem era esse Marcelo e ela disse que foi o primeiro filho da minha mãe e do meu pai, que morreu dias antes do parto. Eu nunca soube disso antes. Eu nunca soube que antes de mim, tinha um outro Marcelo que não nasceu, mas quase nasceu. Mas não nasceu o suficiente pra ficar com o nome só pra ele, aparentemente. Eu precisei ir pedir explicações pra minha mãe que disse tudo de maneira muito clara, como se estivesse contando sobre um consórcio automotivo. Em respeito ao meu irmão mais velho, Marcelo, irei mostrar metaforicamente como minha mãe me explicou isso, porque até hoje eu acho muito estranho o tom que ela usou pra falar de uma pessoa, no caso, um filho.

Dani interpreta sua mãe, de maneira fria, porém pausada e didática em uma tentativa de dar seriedade à coisa.

"Eu e seu pai andávamos sem vontade de planejar viagens de carro. Nenhum dos dois tinha mais vontade de dirigir e a ideia era cada um pegar um ônibus pra cada lado. Mas aí a gente foi sorteado num consórcio. Foi uma grande surpresa e aí refizemos os planos. Ia ser um Fiat Uno, já tínhamos escolhido. Só que aí, faltando uns dois dias pra irmos buscar o carro, descobrimos que uma peça fundamental dele deu defeito. Precisava fazer recall e, enfim, o carro saiu da fábrica tendo que ir direto pro ferro velho. A gente ficou triste. Mas logo depois, entramos novamente no consórcio e aí fomos sorteados. E escolhemos novamente um Fiat Uno. Obviamente existiam outros modelos, mas nós já havíamos discutido muito sobre ser um Fiat Uno. E assim foi."

Dani deixa de interpretar a mãe.

Eu sou uma segunda tentativa. Eu sou um Fiat Uno humano. O segundo Marcelo, o que conseguiu sair da fábrica. Eu tentei perguntar muitas vezes pra minha mãe o porquê de eles escolherem o mesmo nome. Homenagem a quem nem chegou a nascer? Ou só uma prova de que, se não nasceu, não existiu. Ou seja: a expectativa de 9 meses não foi o suficiente. Ela sempre me respondeu pra eu parar de frescura, pois era só um nome. Então por que ela nunca me deixou trocar o meu? Eu estava certo o tempo todo e, em respeito ao meu irmão Marcelo que eu não conheci, eu passei a me sentir ainda mais Dani. Matar o Marcelo em mim era dar mais importância ao Marcelo meu irmão que não pôde experimentar o lado de fora do ventre, que é onde as coisas realmente acontecem. Mas ele chegou muito perto. Ele merece ser só ele. Então, no dia que eu vi essa urna, o enterro do meu pai que eu mal conhecia também foi o enterro do Marcelo que eu não conheci e, também, o Marcelo em mim, que eu conhecia, mas há anos percebia que não era bem a minha coisa. Fora isso, toda vez que escuto essa música do Los Hermanos eu penso no meu próprio enterro. Agora, sei lá, talvez eu precise entrar. Apesar de tudo isso, a família inteira ainda me chama de Marcelo.

Dani se prepara para entrar no bar. Ele para. Fica alguns segundos olhando para o bar. Volta a se virar para o público.

Tem também toda a minha questão na condição de Dani em relação a entrar nesse bar. Ali dentro está a família do Marcelo, mas também vários amigos do Dani, porque é aniversário da minha amiga Júlia. E uma das pessoas que vai estar nesse grupo é a Luiza, que hoje fica naquela zona cinza entre ser "minha amiga" e também minha "ex". Hoje é o primeiro evento que estaremos todos lá, incluindo o novo namorado dela... Ori. Todo mundo chama ele de Ori, mas o nome do cara é ORIDO. Olha que nome merda! Esse, sim, foi sacaneado pela família. Será que dá pra amar um bebê chamado Orido? Ori é uma tentativa insuficiente pra suavizar o fato de alguém se chamar Orido. Na minha opinião, pelo menos.

Eu acho meio patético a Luiza querer empurrar esse cara a fórceps pro nosso grupo. Sei lá. A gente namorou cinco anos e tem só onze meses que a gente terminou. Mas beleza. A vida é dela. Só que aí eu acho que ela também precisa respeitar meu espaço. Porque o chato pra mim ali vai ser todo mundo pensando em como eu vou reagir ao ver os dois juntos. A Júlia até quando me convidou disse que a Luiza ia com o Ori, se tudo bem por mim. Lógico que tudo bem. Mas aí agora eu preciso deixar muito claro que tudo bem, pra todo mundo saber que está tudo bem e isso já faz com que não esteja tudo bem pra mim. Olha a pressão que um aniversário que nem é meu está me causando, sabe? O Ori não tem os amigos dele? Se bem que dificilmente alguém chamado Orido faz amigo fácil.

E como é que eu cumprimento esse cara? Porque todo mundo vai parar pra ver esse momento. Com certeza o Ori vai querer mostrar que é o cara tranquilão, que não tá incomodado, coisa que eu também quero deixar claro que é o mesmo pra mim. Mas aí sei lá se é aperto de mão firme frente a frente, ou se é aperto de mão meio de lado com tapinha nas costas com a outra mão. E eu falo "prazer"? Porque não é. Também não é pra tanto. E "e aí, beleza?" também parece que eu quero saber alguma coisa sobre ele e eu também não estou nem aí. Mas vai ficar todo mundo olhando, vai ser o assunto do evento.

Há onze meses, a Luiza, que tem um jeito muito peculiar de falar as coisas, me disse: "Dani, o sentimento se alterou." Olha que frase merda pra começar um papo de término.

Eu sou da teoria que o nosso namoro começou a terminar no mesmo dia que ele começou a começar. Desde o primeiro dia que eu fiquei com a Luiza eu senti como se tivesse uma ampulheta dentro dela com uma quantidade de areia que era a vontade dela de estar comigo e que uma hora ia acabar. Minha missão era tentar represar essa areia lá em cima o maior tempo que eu pudesse. Só que tiveram três momentos que eu tenho certeza que fizeram a areia cair mais rápido da ampulheta e colaboraram muito pro nosso fim. Eu chamo de "Os 3 Strikes". Eu nunca contei essa teoria pra Luiza porque eu sei que ela jamais vai assumir que eu tenho razão.

Primeiro strike: A gente tinha marcado um cinema. Eu cheguei cedo porque sempre chego cedo e ela ia se atrasar um pouco porque estava num evento de família e pegou trânsito pra chegar. Quando o filme já tinha acabado de começar e ela ainda não tinha chegado, um cara se sentou do meu lado, no lugar que seria dela. Eu disse que estava ocupado e o cara disse: depois que começa o filme não tem mais lugar marcado. E eu já tava vendo esse lugar vazio há um tempão. O cara nem falou isso grosseiramente. Foi só muito firme e se sentou como se eu não fosse nada. Eu fiquei revoltado. Aí eu me levantei, fui pra porta da sala e, quando a Luiza chegou eu falei que a gente ia precisar sentar lá na frente porque um cara pegou o lugar dela. Ela se revoltou, queria ir lá bater boca com o cara e eu falei que não, que ele tava certo pela regra — eu realmente pesquisei a regra no celular, e isso existia. Ela ficou revoltada, eu implorei pra vermos de outro lugar e pronto. Ela aceitou. Assistiu o filme muito puta e, quando a gente tava saindo, eu tentei falar mais sobre o tema, sobre a importância de deixar pra lá e ela só disse: "Então deixa pra lá. Não quero falar disso". Ali eu senti que caiu muita areia da ampulheta. Eu até hoje brigo com esse cara na minha cabeça. Expulso ele do lugar, armo uma confusão no cinema. Mas vale a pena? Por que as pessoas civilizadas pagam o preço pela estupidez alheia? Se o mundo fosse todo feito de pessoas iguais a esse cara do cinema, não ia existir cinema, pra começar. É uma coisa muito Discovery Channel também as pessoas que admiram esse tipo de gente. A Luiza, nesse dia, me tratou como se eu não tivesse protegido nossa caverna de um mamute predador. Eu sinto o tal desconforto quântico até hoje só de lembrar desse dia.

Antes de namorar a Luiza, eu vivia em um lugar terrível que muitos de nós conhecemos, chamado "friendzone". Eu era o melhor amigo dela porque era tudo que eu achava que seria possível. Tipo era o "plano que eu podia assinar: o plano amigão". Foram uns quase três anos disso até que um dia, numa festa onde ela estava muito louca de vodka barata, ela me agarrou e me beijou meio que pra zoar. Era o beijo que eu ensaiava mentalmente há anos e...

Dani interpreta se revezando entre Luiza e ele mesmo.

"Dani, ficou duro o negócio aí!/ Eu sei. É o que acontece, eu não controlo/ Mas, você não é gay?/ Como assim gay, Luiza? Claro que não!/ Tem certeza?/ Acho que tenho!/ Você acha que tem?/ É que você acha tanto que eu sou gay que eu tô quase me convencendo!/ Mas eu nunca te vi falar sobre pegar mulher!/ E você nunca me ouviu falar sobre pegar homem também!/ Verdade! Caramba. Então a gente tá se pegando mesmo. E óbvio que você não é gay. Um gay jamais se vestiria assim tão mal."

Dani volta ao normal.

E assim foi. Logo depois a gente começou a namorar. Minha namorada era alguém que, durante quase 3 anos, achava que eu era gay. Enfim: não gay e agora eu tinha uma namorada, e isso era maravilhoso. Por mim, deveria ser tipo aquela parte dos filmes que entra uma trilha e sobem os créditos e eu e a Luiza viveríamos no nosso bunker do amor para sempre. A gente poderia viver juntos por todas as novelas das nove das nossas vidas. Sim, esse é um hábito que eu tenho e eu sempre imaginei que se pode contar uma relação amorosa bem-sucedida a partir da quantidade de novelas que você vê com a pessoa. Mas enfim, na verdade, tava só começando o nosso namoro. Porque namorar é um verbo, né? Namorar é um verbo que parece meio como "remar". E eu queria só boiar, sabe? Eu sentia que tinha que provar pro mundo que um cara como eu merecia estar com uma garota tipo a Luiza que, na verdade, era de uma liga muito acima da minha. Eu sentia que as pessoas quando viam nós dois juntos deveriam pensar que eu ganhei essa namorada numa promoção de margarina respondendo a pergunta: "qual margarina te arruma uma namorada que você sozinho jamais conseguiria?" Até minha família deixava isso bem claro. Minha mãe olhava pra ela com um mix de "que bom que meu filho te encontrou", só que somado com "minha filha, você podia arrumar algo melhor." Era uma cara meio assim:

Dani faz uma expressão facial que acha que traduz esse sentimento.

Algo meio sorriso, meio pena.

O pior é que, a essa hora, minha mãe pode ter encontrado a Luiza no bar e falado "nossa, que coincidência". E aí a Luiza deve ter apresentado o Ori pra minha mãe que deve ter olhado pra ela com uma cara de "agora sim, meu anjo".

Segundo strike: Uma vez, eu, a Luiza, a Júlia — essa mesma do aniversário ali dentro — e mais um primo da Júlia que eu não conhecia na época, o Rodrigo, tínhamos que pegar um táxi pra ir pra um churrasco. O tal do Rodrigo tinha esquecido alguma coisa na portaria e foi buscar enquanto a gente esperava dentro do táxi. Estávamos no banco de trás, eu, Luiza e Júlia. De repente, o motorista acendeu um cigarro e ficou fumando. Nós nos entreolhamos. A Luiza e a Júlia me olharam com uma cara do tipo: "Fala pra ele apagar". Eu fiquei revoltado e atônito. O motorista fumava e eu só consegui falar, com a voz nada firme: "Amigo, está vindo fumaça aqui atrás". O cara, muito nem aí, disse que o carro ia começar a andar quando o Rodrigo chegasse e aí a fumaça ia pra longe da gente. Mas que ele ia tentar soprar mais pra fora. A Luiza se revoltou, ia falar alguma coisa e eu só segurei na perna dela pedindo calma, como se eu já fosse resolver. Ela me olhou de novo com aquela expressão de quem pergunta o que eu ia fazer e eu não tinha a menor ideia. Eu só queria que aquele cara tivesse consciência e jogasse fora aquele cigarro. Então, de repente, o Rodrigo, primo da Júlia, volta da portaria, entra no banco do carona e, assim que vê que o motorista fumando, diz com uma autoridade como se fosse o pai dele: "Porra, amigo, apaga essa parada aí, por favor." O motorista ficou olhando pra ele durante um segundo e, logo depois, jogou o cigarro fora e a gente seguiu viagem.

Nesse momento, a Luiza e a Júlia se entreolharam como quem diz: "Que bom que tem alguém aqui com atitude". O Rodrigo nem percebeu o que tinha feito. Pra ele aquilo foi muito natural. Durante o caminho eu fiquei calado, humilhado. Ali eu consegui ouvir mais areia cair pra parte de baixo da ampulheta que havia dentro da Luiza. [*tentando imitar o som da areia caindo*] "shhhh shhhhh shhhh". Areia caindo.

Eu sou uma pessoa punida pelo excesso de civilidade. Por pensar no próximo, no equilíbrio social constante. Vou dar um exemplo do tamanho da minha civilidade. Porque há pequenos gestos que mostram muito mais a grandeza do ser humano do que grandes atitudes. Vocês sabem o que é viver com um delay de TV entalado na garganta?

Eu tenho um vizinho do andar de cima que, assim como eu, gosta de futebol. A gente torce pro mesmo time. Eu não sou amigo dele. Temos só aquela relação de "opa" no elevador. Só que nos dias de jogo, eu sei que o delay dele da TV é doze segundos depois do meu. Ou seja: eu sei o que acontece no jogo doze segundos antes dele. Eu estou no futuro e desde que eu percebi isso, demoro doze segundos pra comemorar qualquer gol do nosso time. Você sabe o que é segurar doze segundos um grito de gol porque você não quer estragar o prazer de um semi-desconhecido? Isso é o papel de um herói invisível do contrato social. Eu já sei que foi gol enquanto pra ele a jogada está lá no meio campo. Eu espero. Eu não comemoro. Eu grito junto com ele. Eu grito gol quando a TV já tá no replay. E eu ainda sou obrigado a enfrentar questões morais —anonimamente — por causa da escolha que eu fiz, de ser esse herói. Teve um dia que foi pênalti pro nosso time. Eu fiquei feliz, mas esperei os doze segundos pra comemorar. Só que aí, o time perdeu o pênalti e eu fiquei muito puto. Mas também não podia xingar. Meu vizinho ainda estava feliz da vida comemorando o pênalti enquanto eu, lá do futuro, já sabia que a gente ia perder. Eu fiquei num dilema moral se já deveria avisar pra ele que perderíamos e preparar ele pra frustração, ou deixar ele ter a experiência dura e crua. É sempre muita responsabilidade nas minhas mãos. Eu não tenho tido mais prazer nenhum em ver jogos lá na minha casa. Eu já fico tenso por antecipação. Já me estresso por saber que vou ter que cuidar da experiência desse vizinho que, por alguma ironia do destino, no que diz respeito à transmissão esportiva ao vivo, está sempre doze segundos no passado.

Tudo isso pra dizer: quem vai me olhar com admiração? Porque isso é muito mais forte do que pedir pra algum imbecil apagar um cigarro. Se você precisa pedir pra um motorista de táxi apagar um cigarro enquanto dirige, a humanidade já perdeu essa pessoa. Eu sou uma espécie de cola que mantém nossa humanidade ainda unida e com alguma chance de sobrevivência como sociedade. Mas não saio me gabando por aí. É justo eu ficar ouvindo da Luiza que eu não quero fazer nada de novo, que não queria nunca sair pra festas e etc.? Nós já tínhamos nós dois. Pra que a gente precisava ficar indo pros lugares onde as pessoas que não têm ninguém na vida vão? Essa era minha teoria e ela reclamava.

Por que se complica tanto o sexo? O sexo bom é bom. Mas tem gente que fica querendo inventar coisa. Se tem amor, precisa de mais "disso e daquilo" pra fazer algo novo? Pra que eu quero algo novo? A Luiza vinha também com umas coisas e dizia que eu parecia uma avó quando dizia: "Você fica vendo essas merdas na internet que só tem gente bizarra." Enfim. Rolava também essas conversas vez ou outra. Eu acho que tem gente que bota isso muito num pedestal. Ela falava que eu nunca queria falar sobre isso. Mas será que isso precisa tanto ser falado? Essa liberação do sexo deixou ele muito mais complicado. Agora eu preciso me preparar que nem um ginasta romeno antes de transar? Eu não sou alongado!

Nessa época eu já estava começando a terminar mentalmente com a Luiza também. Eu ficava montando minha namorada ideal na minha cabeça, como se fosse uma espécie de um LEGO do

Afeto. Eu criei a Rachel, que seria minha namorada bailarina. Eu já sabia como ela seria fisicamente e o quanto ela ia me achar a pessoa mais legal, mais engraçada e mais incrível do mundo. Fora que a Rachel mora com a avó dela, que me ama e passa horas discutindo geopolítica comigo, assunto que em breve eu dominaria bastante. Mas enquanto eu não achasse Rachel, ia ficando com a Luiza mesmo e tentando convencer ela que tudo que não fosse nós dois, não valia a pena. Enfim...

Terceiro strike: A Luiza me chamou pra almoçar e isso foi muito estranho porque foi em um tom muito formal, como se fosse uma reunião de trabalho. A gente foi pra um restaurante que a gente nunca tinha ido. E nem era um restaurante legal. Ele era meio estranho. Não tinha nada a ver com ela e nada a ver comigo. E aí, ao invés de fazer igual a todo mundo que diz "a gente precisa conversar", ela já soltou o "Dani, o sentimento se alterou". E então começamos a falar da relação e eu pensando que ferrou, a areia da ampulheta já devia estar no fim ou muito próxima dele. Enquanto ela listava todo o pacote de infelicidade e frustração que ela andava vivendo, eu ia pensando em todas as promessas de mudar que eu ia fazer pra ela e etc. E enquanto ela tentava terminar de explicar, eu já estava interrompendo falando sobre meu novo eu e deixando claro que eu mesmo já queria ter puxado essa conversa pra falar sobre meus objetivos para os próximos passos da nossa relação e o quanto eu achava importante a gente estar ali para alinhar tudo já que — "Dani, eu fiquei com uma pessoa".

Dani interpreta a si mesmo durante a conversa com Luiza.

"Quem?/ O Rodrigo, primo da Júlia?/ Aquele merda?/ E daí que ele é legal? Muita gente é legal e você não precisa chupar o pau/ Você...? Você... [*gesto de boquete*]?/ Como assim não é da minha conta, Luiza?/ Eu quero saber!/ Não precisa me contar também!/ Vocês falaram de mim?/ O que você falou de mim?/ Agora ele fica se achando porque pegou minha namorada, é isso?/ Quantas vezes?/ Eu te perdoo!/ Como assim você não tá pedindo perdão?/ Quem você pensa que é?/ A gente pode começar de novo./ Eu vou mudar./ O beijo dele é melhor que o meu?/ O que vocês fizeram?/ O que ele falou quando você disse que ainda namorava comigo?/ A Júlia sabe?/ Quem mais sabe?/ Você não me respeita!/ Me escuta, você ainda me ama?/ Eu quero terminar!/ Ah, você também?/ Covarde!/ Escrota/ Foi mal!/ Vamos tentar."

Dani volta ao normal.

Existem três tipos de relação: "i", "t" e "y". A relação "i" é a melhor de todas, mas muito rara também. É quando duas pessoas vão paralelamente na mesma direção pra sempre, quase como uma coisa só. A "t" não é das melhores, mas é boa também porque é quando duas pessoas começam algo paralelamente como na "i", mas, de repente, elas se separam indo cada uma pra um lado de maneira muito abrupta. Dói, mas é rápido e óbvio, tipo uma borboleta falar pra uma lagarta: "lamento, mas agora eu virei outra coisa e preciso seguir meu caminho. Além de tudo eu voo". É isso. O problema é a relação "y", que eu acho que é a maioria de todas as relações. Na "y", as duas pessoas começam nessa linha paralela até que, lentamente, vão se bifurcando, mas não de uma maneira horizontalmente bruta como na relação "t", é mais sutil. E aí, de repente, o tempo passou e você está muito afastado dessa outra ponta, mas ainda preso àquele começo paralelo que fica cada vez mais lá pra trás. Aqueles bracinhos do "y" que podem confundir parecendo ser alguém comemorando, na verdade, são um pedido de socorro.

De repente, eu não era mais o namorado da Luiza. E ela nem ficou mais com esse Rodrigo, conforme eu investiguei. Porque eu confesso que virei um PhD nas redes sociais da Luiza vendo tudo pra tirar conclusões sobre com quem e como ela estava depois do nosso término.

Não é legal fazer isso. Não faz bem pra cabeça, não. Eu preferia ter ex-namorada nos anos 80, quando não tinha internet. As pessoas podiam terminar e nunca mais saber nada das outras. Agora é foda. Mas eu também penso nas coisas. Eu tenho uma teoria: os relacionamentos não são exatamente a pessoa e a outra pessoa, mas o momento das pessoas. É você usando, há anos, uma linha de ônibus, tipo eu que usava a 184 no Rio de Janeiro e, um dia, ela deixa de existir e vira uma outra chamada Troncal 8. Você vai ter que descobrir outro jeito pra se deslocar até a sua casa. O seu endereço segue exatamente onde estava, você só vai precisar chegar até ele de outro jeito. Porque essa linha nova é muito parecida com a antiga, mas tem um detalhe dela que faz ela deixar de passar justamente na sua rua. E é assim, e você não pode fazer nada. Vai ter uma outra pessoa que vai achar essa mudança excelente.

[*cantando uma música ridícula*] "Lulu/ Luiza/ Mesmo quando acorda cheia de coriza/ Eu não troco por nada/ Nem por um verão em Ibiza." [*para de cantar*]

Essa era uma das musiquinhas que eu cantava pra ela. Ela tinha muita rinite e eu cantava isso. Acho que todo namoro que se preze tem que ter um dialeto próprio e ridículo. Uma espécie de bagagem cultural de um país formado por duas pessoas. Eu dizia pra Luiza que era muito injusto ela abrir mão de tudo isso que temos e que eu não merecia isso. E aí ela me vem com outra das frases boas que ela tem: "Dani, não existe tribunal do afeto. Eu não posso estar sem vontade de estar com você, mas ficar porque é o mais justo." Eu só queria entrar naquele bar com Rachel, que é Rachel com "CH" além de tudo, que é mais chique, só pra ela ver que minha vida andou. Nossa, eu tô me apaixonando já pela

Rachel e ela nem existe. De vez em quando eu penso que, se eu pudesse escolher, deixaria a Luiza em estado criogênico até eu resolver a minha vida. Porque, pensando bem, eu fico feliz quando imagino que eu estou bem e ela também. O que me dói mais é ela estar bem antes de mim. Então ela seria congelada e não estaria com ninguém. De repente, minha vida andaria e eu falaria "ok, descongelem a moça, está tudo bem comigo". Pra mim ainda é difícil existir num mundo em que eu estou mal resolvido e ela bem.

Mas pra mim também existe um mundo em que eu queria existir de outro jeito. Algumas coisas que eu quero fazer, mas também dá um medo de dar errado e todo mundo depois ficar dando certo em volta. Enfim. Mas alguma hora eu vou tentar. Eu sei que eu vou.

Eu não vou entrar. Depois falo que tava precisando de um tempo pra mim e que a Rachel tinha também tinha ensaio cedo amanhã e — Merda! Júlia me viu. Acenou e tudo. Merda... Agora eu cheguei. Não tem jeito. Eu vou precisar entrar. Eu vou entrar. Como eu vou entrar? Qual é o jeito certo de entrar... Lá dentro já devem estar anunciando que eu vou entrar e todo mundo deve estar pensando em como eu vou entrar enquanto eu também penso em como eu vou entrar. Mas se eu demorar mais aqui vão pensar que eu estou pensando em como eu vou entrar ao invés de entrar. Então, só me resta entrar...

Dani vai em direção ao bar. Entra. Alguns segundos depois, luz e efeitos criam interior do bar. É como se Dani estivesse dentro. Dani olha apenas para o público. Firme. Alguns segundos se passam.

Todo mundo está olhando pra mim. Ninguém está olhando pra mim. Porque agora eu estou dentro da cabeça de todo mundo, menos da minha. Eu sou todo mundo, menos eu. E pra algumas pessoas o Marcelo chegou, pra outras, o Dani. Pra maioria delas isso é importante. Mas não exatamente muito importante porque todo mundo tem outras coisas importantes na frente. O meu primo Lauro estava preocupado com a nova vida em outro país onde ele ia ser muito mais exigido no trabalho. Ao mesmo tempo, ele tá muito emocionado e apavorado porque descobriu que a namorada está grávida. E a minha mãe quer vender o apartamento dela, mas não sabe se é a coisa certa a fazer, mas ela precisa do dinheiro porque ela acha que o ideal agora é ter grana pra um bom asilo no futuro. Um com piscina. E a Júlia está feliz porque vieram vários amigos dela pro aniversário, mas ela acha que pode dar merda na hora da conta, então ela quer saber se todo mundo está calculando tudo o que está consumindo, e o Orido tem uma entrevista em um escritório de advocacia amanhã e ele não sente que está exatamente pronto porque é uma outra área. E a Luiza... a Luiza está cheia de dúvidas, igual a todo mundo. Ela ficou feliz de me ver. Ela me viu e pensou que entrou ali uma parte importante da vida dela e que é uma dessas partes que, se fizessem o filme dela no cinema, alguém ia ter que fazer o meu papel porque eu sou um personagem que não poderia ficar de fora. E ela também está cheia de projetos na cabeça. Ela quer fazer muitas coisas por ela, mas também está preocupada sobre cada passo, e todo mundo, todo mundo desse bar, está pensando em várias coisas. Coisas boas, problemas, formas de resolver problemas e, além de tudo, lutando muito pra que tudo pareça estar bem do lado de fora enquanto dentro acontece tanta coisa.

A verdade é que ninguém se importa com você. E não é por mal. Não dá tempo. Nem quem é quase obrigado a se importar com você, se importa tanto. E se você descobre que ninguém se importa tanto, você não precisa ficar triste, na verdade. Porque quem gosta de você quer muito que você esteja bem justamente pra não precisar se importar com você e assim ter mais tempo pra se importar com as coisas que estão dentro dela mesma.

E aí agora, de repente, eu deixei de ser "todo mundo menos eu" e passei a ser eu menos todo mundo. Eu não me vejo como Marcelo e nem como Dani porque é como se eu nem precisasse ter nome porque eu sinto uma existência que não precisa ser etiquetada.

Eu fico olhando meio pro nada e então começa a flutuar nos meus olhos aquelas coisinhas brancas que a ciência chama de moscas volantes. E aí essas coisinhas, dessa vez, têm uma forma diferente, elas têm a forma de várias partes de um dinossauro.

Cada uma delas é exatamente uma parte que falta do meu dinossauro de plástico. Talvez todo mundo esteja só querendo montar os próprios dinossauros também. E aí a gente segue indo pra frente, tentando achar as peças que faltam. Eu começo então a sentir que eu ainda posso terminar o meu —

Dani para, como se alguém estivesse falando com ele.

Oi? Não, não... eu estava só pensando alto. Eu sou o Dani, prazer. E você? Ah, Marina. Legal. Eu... eu estava pensando na novela. No capítulo de ontem. Você também viu? Sério? Sim, quero uma cerveja. Vamos.

Dani vai em direção ao fundo do cenário.

Ele sai da vista do público enquanto toca "Beijar na boca", de Cláudia Leitte.

Luzes se apagam.

FIM

Juventude jurássica

Dinossauro de plástico, estreia de Gustavo Vilela no campo da dramaturgia, nos indica desde seu título o interesse do autor numa linguagem calcada na criação de sentidos a partir da fricção entre duas ideias tão simples quanto opostas. A articulação de imagens tais quais a de um animal mastodôntico reduzido a um material simplório como o plástico atiça os ouvidos do público, propiciando um terreno fértil para o desenrolar dos temas de interesse do autor.

Nem mesmo o nome do protagonista escapa às manobras paradoxais do dramaturgo. Sentenciado a um nome de batismo — Marcelo — com o qual nunca se identificou, o personagem elege um novo nome para si — Daniel —, que é refutado pela família, mas acaba adotado pelos amigos, porém, como forma de zombaria. Mesmo a conquista de ser reconhecido pelo nome com o qual se identifica vem com o custo de ser visto por seus colegas como objeto de piada. O peso da indecisão e a angústia diante da impossibilidade de satisfazer seus dois mundos sobrecarrega a trajetória de Dani/Marcelo ao longo de toda a trama e de toda a sua formação enquanto indivíduo, como se percebe através dos relatos de seu passado, divididos pelo mesmo com o público.

Num esquema que escancara tais oposições, a trama percorre um dia em que o protagonista foi convidado para duas festas diferentes que acontecem no mesmo local. Uma festa é a de seu primo "bem-sucedido", na qual está toda a sua família. A outra, de sua melhor amiga, na qual estão todos os seus amigos, incluindo sua ex-namorada. Na realidade, cada festa aguarda uma pessoa diferente. Afinal, uma convidou o Daniel, outra aguarda a chegada de Marcelo. Esse é um dos muitos mecanismos aos quais Gustavo Vilela recorre para salientar, de forma lúdica, um efeito fragmentário muito relacionável, associado ao ruído gerado quando se reflete sobre a multiplicidade de personalidades que residem dentro de uma pessoa, cada qual associada às mais variadas circunstâncias sociais. Uma sensação inerentemente humana, mas potencializada numa contemporaneidade tomada pelas redes sociais, uma era de fabricação de um "eu" ideal e dos mais diversos "perfis" que contemplem as tantas facetas do indivíduo, mesmo as imaginárias. Em especial na faixa etária do protagonista, um período de transição e de errância, é comum o gesto de "ser" pelo menos duas pessoas diferentes numa mesma noite, de gerar expectativas opostas em grupos de pessoas simultaneamente, tentar se dividir para agradar a todos e não desapontar ninguém — e falhar miseravelmente nas tentativas.

Dani/Marcelo ocupa, em sua vida e na vida de quem o cerca, a posição de alguém que tranquilamente abdicaria de certos luxos para não precisar cumprir as lógicas de um capitalismo desenfreado, que exige resultados em tempo recorde. Ele sabe do que gosta e tem seus objetos de desejo bem definidos, mas é quase como se eles não fossem tão valiosos quanto uma paz de espírito que ele só entende alcançável nessa utopia em que o Tempo é uma entidade mais gentil e menos opressora, desassociada do capital. Gustavo estabelece um personagem jovem e lento, calmo, que se descreve como amigo de idosos, que fala de novelas e evita conflitos; o dramaturgo propõe a desaceleração como identidade e manifesto, em oposição à urgência e ao imediatismo enfrentados por uma juventude à deriva, que se multiplicam à cada geração. Essa desaceleração é proposta pelo texto e reforçada pelo figurino, pela cadência da fala e do caminhar do ator.

Rafael Saraiva, ainda que com carreira teatral incipiente, já goza de certa notoriedade por seu trabalho em outras mídias, em especial quando encarna personagens de comédia. Ciente disso, Gustavo dá ao ator um presente em forma de monólogo ao usufruir da parceria estabelecida por ambos no território do humor sem se limitar a esta camada, oferecendo a possibilidade da exposição de valências de Rafael até então inéditas para o público. Em conjunto com a direção de Barbara Duvivier, o trio dá cor original ao espetáculo, que reforça o tom agridoce do texto com suas metáforas existenciais ancoradas por situações típicas do gênero cômico.

Obra de estreia de um autor com muita afinidade com as palavras, *O dinossauro de plástico* me soou carregada de uma inventividade singela desde que li pela primeira vez, antes da estreia. Tive a impressão confirmada ao assistir ao espetáculo e ouvir as palavras fluindo, carregadas da habilidade de Gustavo de criar aforismos que soam mais como conversas descompromissadas — aquele bom descompromisso, geralmente reservado apenas aos estreantes ou aos artistas muito experientes.

Gabriel Flores
Dramaturgo, diretor e ator.

CIP-BRASIL. CATALOGAÇÃO NA PUBLICAÇÃO
SINDICATO NACIONAL DOS EDITORES DE LIVROS, RJ

V755d

Vilela, Gustavo

O dinossauro de plástico / Gustavo Vilela. - 1. ed. - Rio de Janeiro : Cobogó, 2025.

64 p. ; 19 cm. (Dramaturgia)
ISBN 978-65-5691-178-6

1. Teatro brasileiro (Literatura). I. Título.

25-99336.1 CDD: B869.2
CDU: 82-2(81)

Carla Rosa Martins Gonçalves - Bibliotecária - CRB-7/4782

Editora-chefe
Isabel Diegues

Coordenação editorial
Julia Barbosa

Editora
Aïcha Barat

Coordenação de produção
Melina Bial

Assistente de produção
Jade Gomes

Revisão final
Pamella Oliveira

Projeto gráfico e diagramação
Mari Taboada

Capa
Brunella Provvidente

Editora de Livros Cobogó Ltda.
Rua Gen. Dionísio, 53, Humaitá
Rio de Janeiro – RJ – Brasil – 22271-050
www.cobogo.com.br

COLEÇÃO DRAMATURGIA

ALGUÉM ACABA DE MORRER LÁ FORA, de Jô Bilac

NINGUÉM FALOU QUE SERIA FÁCIL, de Felipe Rocha

TRABALHOS DE AMORES QUASE PERDIDOS, de Pedro Brício

NEM UM DIA SE PASSA SEM NOTÍCIAS SUAS, de Daniela Pereira de Carvalho

OS ESTONIANOS, de Julia Spadaccini

PONTO DE FUGA, de Rodrigo Nogueira

POR ELISE, de Grace Passô

MARCHA PARA ZENTURO, de Grace Passô

AMORES SURDOS, de Grace Passô

CONGRESSO INTERNACIONAL DO MEDO, de Grace Passô

A PRIMEIRA VISTA | IN ON IT, de Daniel MacIvor

INCÊNDIOS, de Wajdi Mouawad

CINE MONSTRO, de Daniel MacIvor

CONSELHO DE CLASSE, de Jô Bilac

CARA DE CAVALO, de Pedro Kosovski

GARRAS CURVAS E UM CANTO SEDUTOR, de Daniele Avila Small

OS MAMUTES, de Jô Bilac

INFÂNCIA, TIROS E PLUMAS, de Jô Bilac

NEM MESMO TODO O OCEANO, adaptação de Inez Viana do romance de Alcione Araújo

NÔMADES, de Marcio Abreu e Patrick Pessoa

CARANGUEJO OVERDRIVE, de Pedro Kosovski

BR-TRANS, de Silvero Pereira

KRUM, de Hanoch Levin

MARÉ/PROJETO bRASIL, de Marcio Abreu

AS PALAVRAS E AS COISAS, de Pedro Brício

MATA TEU PAI, de Grace Passô

ÃRRÃ, de Vinicius Calderoni

JANIS, de Diogo Liberano

NÃO NEM NADA, de Vinicius Calderoni

CHORUME, de Vinicius Calderoni

GUANABARA CANIBAL, de Pedro Kosovski

TOM NA FAZENDA, de Michel Marc Bouchard

OS ARQUEÓLOGOS, de Vinicius Calderoni

ESCUTA!, de Francisco Ohana

ROSE, de Cecilia Ripoll

O ENIGMA DO BOM DIA,
de Olga Almeida

A ÚLTIMA PEÇA, de Inez Viana

BURAQUINHOS OU O VENTO É INIMIGO DO PICUMÃ,
de Jhonny Salaberg

PASSARINHO,
de Ana Kutner

INSETOS, de Jô Bilac

A TROPA,
de Gustavo Pinheiro

A GARAGEM,
de Felipe Haiut

SILÊNCIO.DOC,
de Marcelo Varzea

PRETO, de Grace Passô,
Marcio Abreu e Nadja Naira

MARTA, ROSA E JOÃO,
de Malu Galli

MATO CHEIO, de Carcaça de Poéticas Negras

YELLOW BASTARD,
de Diogo Liberano

SINFONIA SONHO,
de Diogo Liberano

SÓ PERCEBO QUE ESTOU CORRENDO QUANDO VEJO QUE ESTOU CAINDO, de Lane Lopes

SAIA, de Marcéli Torquato

DESCULPE O TRANSTORNO,
de Jonatan Magella

TUKANKÁTON + O TERCEIRO SINAL, de Otávio Frias Filho

SUELEN NARA IAN,
de Luisa Arraes

SÍSIFO, de Gregorio Duvivier e Vinicius Calderoni

HOJE NÃO SAIO DAQUI,
de Cia Marginal e Jô Bilac

PARTO PAVILHÃO,
de Jhonny Salaberg

A MULHER ARRASTADA,
de Diones Camargo

CÉREBRO_CORAÇÃO,
de Mariana Lima

O DEBATE, de Guel Arraes e Jorge Furtado

BICHOS DANÇANTES,
de Alex Neoral

A ÁRVORE, de Sílvia Gomez

CÃO GELADO, de Filipe Isensee

PRA ONDE QUER QUE EU VÁ SERÁ EXÍLIO,
de Suzana Velasco

DAS DORES,
de Marcos Bassini

VOZES FEMININAS — NÃO EU, PASSOS, CADÊNCIA,
de Samuel Beckett

PLAY BECKETT — UMA PANTOMIMA E TRÊS DRAMATÍCULOS (ATO SEM PALAVRAS II | COMÉDIA/PLAY | CATÁSTROFE | IMPROVISO DE OHIO),
de Samuel Beckett

MACACOS — MONÓLOGO EM 9 EPISÓDIOS E 1 ATO,
de Clayton Nascimento

A LISTA,
de Gustavo Pinheiro

SEM PALAVRAS,
de Marcio Abreu

CRUCIAL DOIS UM, de Paulo Scott

MUSEU NACIONAL [TODAS AS VOZES DO FOGO], de Vinicius Calderoni

KING KONG FRAN, de Rafaela Azevedo e Pedro Brício

PARTIDA, de Inez Viana

AS LÁGRIMAS AMARGAS DE PETRA VON KANT, de Rainer Werner Fassbinder

AZIRA'I — UM MUSICAL DE MEMÓRIAS, de Zahỳ Tentehar e Duda Rios

SELVAGEM, de Felipe Haiut

UM JARDIM PARA TCHEKHOV, de Pedro Brício

SETE MINUTOS, de Antonio Fagundes

DOIS DE NÓS, de Gustavo Pinheiro

LADY TEMPESTADE, de Sílvia Gomez

NÃO ME ENTREGO, NÃO!, de Flávio Marinho

MARIPOSAS AMARILLAS, de Inez Viana

ANA LÍVIA E OUTRAS MULHERES, de Caetano W. Galindo

COLEÇÃO DRAMATURGIA ESPANHOLA

A PAZ PERPÉTUA, de Juan Mayorga | Tradução Aderbal Freire-Filho

ATRA BÍLIS, de Laila Ripoll | Tradução Hugo Rodas

CACHORRO MORTO NA LAVANDERIA: OS FORTES, de Angélica Liddell | Tradução Beatriz Sayad

CLIFF (PRECIPÍCIO), de José Alberto Conejero | Tradução Fernando Yamamoto

DENTRO DA TERRA, de Paco Bezerra | Tradução Roberto Alvim

MÜNCHAUSEN, de Lucía Vilanova | Tradução Pedro Brício

NN12, de Gracia Morales | Tradução Gilberto Gawronski

O PRINCÍPIO DE ARQUIMEDES, de Josep Maria Miró i Coromina | Tradução Luís Artur Nunes

OS CORPOS PERDIDOS, de José Manuel Mora | Tradução Cibele Forjaz

APRÈS MOI, LE DÉLUGE (DEPOIS DE MIM, O DILÚVIO), de Lluïsa Cunillé | Tradução Marcio Meirelles

COLEÇÃO DRAMATURGIA FRANCESA

É A VIDA, de Mohamed El Khatib | Tradução Gabriel F.

FIZ BEM?, de Pauline Sales | Tradução Pedro Kosovski

ONDE E QUANDO NÓS MORREMOS, de Riad Gahmi | Tradução Grupo Carmin

PULVERIZADOS, de Alexandra Badea | Tradução Marcio Abreu

EU CARREGUEI MEU PAI SOBRE MEUS OMBROS, de Fabrice Melquiot | Tradução Alexandre Dal Farra

HOMENS QUE CAEM, de Marion Aubert | Tradução Renato Forin Jr.

PUNHOS, de Pauline Peyrade | Tradução Grace Passô

QUEIMADURAS, de Hubert Colas | Tradução Jezebel De Carli

COLEÇÃO DRAMATURGIA HOLANDESA

EU NÃO VOU FAZER MEDEIA, de Magne van den Berg | Tradução Jonathan Andrade

RESSACA DE PALAVRAS, de Frank Siera | Tradução Cris Larin

PLANETA TUDO, de Esther Gerritsen | Tradução Ivam Cabral e Rodolfo García Vázquez

NO CANAL À ESQUERDA, de Alex van Warmerdam | Tradução Giovana Soar

A NAÇÃO — UMA PEÇA EM SEIS EPISÓDIOS, de Eric de Vroedt | Tradução Newton Moreno

2025

1ª impressão

Este livro foi composto em Calluna.
Impresso pela Gráfica Viena,
sobre papel Pólen Bold 90 g/m².